ENSSLINs
KLEINE NATURFÜHRER

VÖGEL IN UNSEREN GÄRTEN

Valérie Tracqui

Illustrationen von Jean Grosson

So nutzt du dieses Buch

Diesen Naturführer kannst du auf alle deine Streifzüge mitnehmen. Er ist so klein und handlich, dass er in jede Tasche oder jeden Rucksack passt. So hast du ihn schnell zur Hand, wenn du wissen willst, was du entdeckt hast.

Dieser Naturführer stellt dir 70 einheimische Vogelarten vor, die in unseren Gärten oder Parks und auf den Feldern leben. Damit du sie leicht bestimmen kannst, sind sie nach auffälligen Merkmalen in 12 Gruppen geordnet: nach ihrer Schnabelform, Körperhaltung, Fortbewegung, Gestalt oder Farbe. Jede Gruppe ist auf zwei oder mehr Seiten dargestellt. So kannst du jeden Vogel nach dem Merkmal bestimmen, das dir zuerst an ihm auffällt.

Zu Beginn jedes Kapitels findest du die Merkmale, die für die Vögel der folgenden Seiten charakteristisch sind. Um einen Vogel zu bestimmen, musst du die Abbildung und den Steckbrief zu Rate ziehen. Sie zeigen dir, was jede Vogelart auszeichnet. Erst dann kannst du Vögel unterscheiden, die sich in ihrem Aussehen oder Verhalten ähneln.

- **Hinweise** neben den Abbildungen sagen dir, worauf du achten musst, wenn du mehrere Vögel miteinander vergleichst.
- Wenn sich **Männchen** ♂ und **Weibchen** ♀ einer Vogelart unterscheiden, sind beide mit ihren Unterscheidungsmerkmalen abgebildet. Ansonsten ist nur ein Vogel dargestellt.

Inhalt

- So nutzt du dieses Buch 2
- Welcher Vogel ist das? 4
- Kugelrunde Winzlinge 6
- Akrobaten 8
- Körnerfresser 10
- Insektenjäger 16
- Auffällige Schwanzbewegungen 20
- Grasmücken und Fliegenschnäpper 22
- Flugkünstler 24
- Klettervögel 26
- Nachtraubvögel 28
- Taubengrau und Gurren 30
- Rabenvögel 32
- Ungewöhnliche Vögel 34
- Beobachtungskalender 36
- Stichwortverzeichnis 38

Das Stichwortverzeichnis auf Seite 38 hilft dir, jeden Vogel in deinem Naturführer zu finden. In den Kästchen kannst du ankreuzen, welchen Vogel du beobachtet hast. So siehst du auf einen Blick, welche Vogelarten du schon kennst.

An den Merkmalen im Steckbrief jedes Vogels erkennst du die Vogelart. Lies und berücksichtige alles sorgfältig, denn nur dann kannst du den Vogel richtig bestimmen. Das gehört zum Steckbrief:

- Die **Beobachtungsperiode**

J F M A M J J A S O N D

Zugvögel halten sich nur zu bestimmten Zeiten bei uns auf. Die Zeitleiste zeigt, wann du sie beobachten kannst. Im Januar siehst du z. B. keine Rauchschwalben, weil sie erst im April aus Afrika zurückkehren. Vogelarten ohne Zeitleiste bleiben das ganze Jahr über bei uns; du kannst sie immer beobachten.

- Die **Ernährungsweise**

Für die Vogelbestimmung ist es sehr nützlich zu wissen, was ein Vogel frisst: Ein Sperlingsvogel mit einer Raupe im Schnabel gehört nicht zu den Körnerfressern.

- Der **Name**

Gartenrotschwanz

J F M A M J J A S O N D

Insekten, Würmer, Beeren

← 14 cm →

Der farbenprächtige Vogel lässt sich auf den unteren Zweigen nieder. Plötzlich hüpft er herunter und schnappt mit wippendem Schwanz einen Wurm oder eine Nacktschnecke.

In jedem Kapitel findest du einen Kasten mit nützlichen Informationen, z. B. über das Flugbild verwandter Vogelarten oder über unterschiedliche Nistplätze. Auch daran kann man Vögel erkennen.

- Die **Größe** ← 14 cm →

Gemessen wird von der Schnabelspitze bis zum Schwanzende. Die Größe ist ein wichtiger Anhaltspunkt für deine Beobachtungen: Sie sagt dir auf einen Blick, ob ein Vogel größer oder kleiner ist als eine bekannte Vogelart.

- **Typische Eigenschaften**

Z. B. Körperform, Verhalten oder Ort, an dem man die Vögel antrifft. Hat ein Vogel einen typischen Gesang oder Ruf, brauchst du nur die Buchstabenfolge laut zu lesen. Am Klangbild kannst du die Vogelart erkennen.

Welcher Vogel ist das?

Ein Rotkehlchen und eine Amsel erkennst du mühelos, denn du kennst ihre Körperform und weißt, welche Farbe ihr Gefieder hat. Auf dieselbe Weise kannst du viele andere Vögel bestimmen, wenn du dir merkst, welche Merkmale sie von anderen Vögeln unterscheiden.

Ferngläser

Selten kommt dir ein kleiner Vogel so nahe, dass du ihn ohne Fernglas beobachten kannst. Außerdem bewegt er sich sehr schnell. Also brauchst du ein gutes Fernglas mit 8-facher Vergrößerung und einer Objektivlinse von 30 mm Durchmesser. Je stärker die Vergrößerung, desto kleiner das Gesichtsfeld, sodass es schwieriger wird, den Vogel im Auge zu behalten. Andererseits steigt mit der Größe der Objektivlinse auch das Gewicht. 8 × 30- oder 10 × 40-Ferngläser sind für die Beobachtung von Vögeln gut geeignet.

Notizbuch

Nimm zur Beobachtung immer Notizbuch und Stift mit. Eine kleine Zeichnung des entdeckten Vogels ist die beste Gedächtnisstütze.

Fragenkatalog

Du musst wissen, worauf du bei Vögeln achten musst und wie du sie beschreibst. Ein Fragenkatalog hilft dir. Wie bei einem Puzzle ergibt sich aus den Antworten das Bild der gesuchten Vogelart.

Gestalt und Farbe
Hat der Vogel einen runden (Goldhähnchen) oder länglichen (Bachstelze) Körper? Welche Färbung haben Brust, Bauch, Rücken usw.? Hat das Gefieder auffällige Farbflecken, ist es getupft oder gestreift?

Größe
Schätze die Größe des Vogels im Vergleich zu einer dir bekannten Vogelart.

Kopf
Ist der Kopf besonders groß (Kauz) oder klein und rundlich (Taube), sitzt er auf einem langen Hals (Turteltaube) oder zwischen den Schultern (Kernbeißer)? Achte auf die Zeichnung des Gefieders am Scheitel, über den Augen, an Kehle und Wangen ... Welche Farbe haben die Augen? Trägt der Vogel eine Federhaube (Haubenlerche, Wiedehopf)?

Schwanz
Ist er lang (Elster) oder kurz (Kleiber)? Zeigt er nach oben (Zaunkönig)? Welche Farbe hat der Bürzel? Bestimme die Schwanzform.

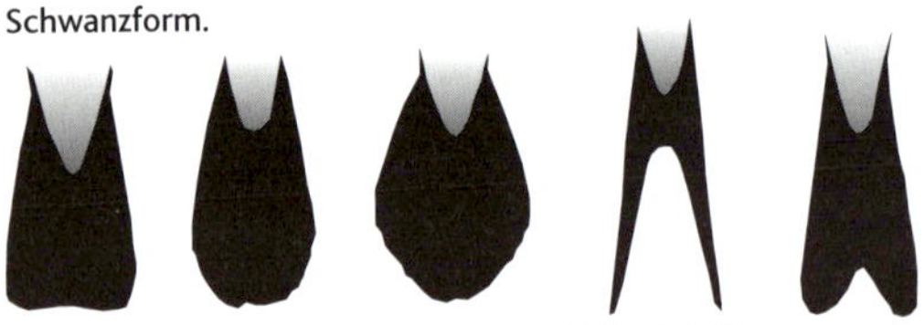

gerade (Star) — *abgerundet (Rabenkrähe)* — *gefächert (Stieglitz)* — *tief gegabelt (Rauchschwalbe)* — *gegabelt (Mauersegler)*

Schnabel
Ist er zierlich (Meise), schlank (Rotkehlchen) oder kräftig (Sperling), gebogen (Gartenbaumläufer) oder gekrümmt (Falke)? Welche Farbe hat er?

Flügel
Sind sie lang oder kurz, großflächig (Elster) oder schmal (Mauersegler)? Laufen die Handschwingen spitz zu (Falke), sind sie abgerundet (Eichelhäher) oder gefingert (Krähe)? Welche Farbe haben Ober- und Unterseite? Gibt es Farbflecken und Flügelbinden?

Flugbahn
Ist sie wellenförmig (Pirol, Buntspecht) oder geradlinig (Amsel, Sperling)?

Bein und Lauf
Sind sie zierlich (Weidenlaubsänger), kräftig (Schwan) oder befiedert (Eule)? Verbinden Schwimmhäute die Zehen (Möwe) oder besitzen sie Krallen (Kauz)? Welche Farbe haben sie?

Körperhaltung
Aufrecht (Rotkehlchen), nach vorn geduckt (Hänfling), kopfüber (Meise) oder in gerader Linie gestreckt (Bachstelze)?

Fortbewegungsart

Geht der Vogel (Taube) oder hüpft er (Sperling)? Sitzt er ruhig auf einem erhöhten Platz? Klammert er sich an einen Stamm (Specht) oder klettert er kopfüber abwärts (Kleiber)? Ist er stets in der Luft (Mauersegler), kreist er oder »rüttelt« er (Turmfalke)?

Frühlingsgesang

Im Frühling locken die Männchen mit ihrem Gesang das Weibchen an, mit dem sie sich paaren wollen, und markieren den von ihnen beanspruchten Lebensraum. So sichern sie sich ihr Revier und die dort vorhandenen Nahrungsquellen, um ihren Nachwuchs aufziehen zu können.

Kugelrunde Winzlinge

Pfitt ... und hopp!, schon ist das kleine Federknäuel wieder im Gebüsch oder in den Zweigen einer Tanne verschwunden. Unsere kleinsten einheimischen Vögel sind zwischen 8 und 11 cm groß und gehören – mit Ausnahme des Zaunkönigs – zu den Laubsängern. Sie leben versteckt, aber sie singen sehr laut – und häufig wirst du überrascht sein, wie klein der Vogel ist, der so viel Lärm macht.

Weidenlaubsänger ►

J F M A M J J A S O N D

Insekten ←11 cm→

Zilp ..., zalp, zilp, zilp, zalp ... Der kleine Vogel heißt nach seinem monotonen Gesang auch Zilpzalp. Laubsänger erkennst du am grünlich-gelbbraunen Gefieder, dem weißen Strich über dem Auge (Überaugstreif) und dem dunklen Lidstrich.

Fitis ▲

J F M A M J J A S O N D

Insekten und Beeren ←11 cm→

Er singt in weichen Molltönen eine abfallende Melodie, die wie ein trauriges Lied klingt. Die Unterseite junger Fitisse ist im Herbst durchgängig gelb.

Zaunkönig ▼

Insekten ←10 cm→

Sein winziger Körper ist kugelrund, der Schwanz immer aufgerichtet. Tick ..., tick ... Piepsend hüpft er unentwegt aus dem Dickicht oder Unterholz und wieder zurück.

Wintergoldhähnchen ▼

Insekten ←9 cm→

Dieser kleine gefiederte Ball schwirrt auf der Suche nach Spinnen und anderen Insekten pausenlos in den Zweigen hoher dunkler Nadelhölzer (Eibe, Tanne, Fichte) umher.

Sommergoldhähnchen ▼

Insekten ←8 cm→

Der kleinste Vogel Europas ist ein echter Waldbewohner. Nur selten kommt er auf den Boden; vorwiegend hält er sich in Nadelbäumen auf, in südlichen Ländern auch in Steineichen und Zedern.

Perfektion am Bein

Die Läufe von Vögeln sind unterschiedlich. Vögel, die auf Zweigen oder Leitungen sitzen, haben eine gebogene Hinterzehe, die sich mit den Vorderzehen zusammenschließt, wenn das Körpergewicht auf die Ferse drückt. Diese »Verriegelung« verhindert, dass die Vögel herabfallen (Goldhähnchen, Meise). Klettervögel (Gartenbaumläufer, Specht) haben je zwei nach vorn und nach hinten gerichtete Zehen. Bei anderen (Bergstelze, Lerche) ist die Kralle an der Hinterzehe verlängert. Sie haben einen sicheren Stand.

Klammerfuß (Goldhähnchen)

Kletterfuß (Specht)

Läuferfuß (Bachstelze)

Akrobaten

Sie turnen wie Akrobaten mit dem Kopf nach unten an den Spitzen der Zweige. Körner, Raupen oder Insektenlarven – ihnen schmeckt alles! Diese bunten Vögel, kleiner als ein Sperling, schaukeln an den Meisenknödeln, die man im Winter für sie in die Bäume hängt. Manche Arten scheuen sich nicht, in einem Briefkasten zu nisten, andere leben lieber versteckt.

◄ Blaumeise

Insekten ←12 cm→

Sie sind kleiner und lebhafter als Kohlmeisen und haben viel mehr Blau im Gefieder. Zudem fehlt ihnen die »schwarze Krawatte«. Du kannst sie häufig im Schilf sehen.

Tannenmeise ▲

Insekten, Samen ←12 cm→

Rastlos hüpfen, turnen, flattern sie in Nadelbäumen. In Nordeuropa machen sie sich im Herbst in Schwärmen über Fichtenzapfen her: Sie legen Wintervorräte an.

Haubenmeise ▲

Insekten, Samen ←12 cm→

Gür-r-r ..., tönt der Ruf der Haubenmeise aus einer Fichte oder einer Kiefer. Man sieht sie nur in Nadelbäumen.

Kohlmeise

Insekten, Beeren und Samen ←13 cm→

Zizibä, zizibä ... Zwei- bis dreimal wiederholt die Kohlmeise dieselbe Klangfolge. Sie singt schon im Januar. Kohlmeisen kannst du oft beim Knacken von Samenschalen beobachten. Dabei hämmern sie mit dem Schnabel auf die Samenkörner.

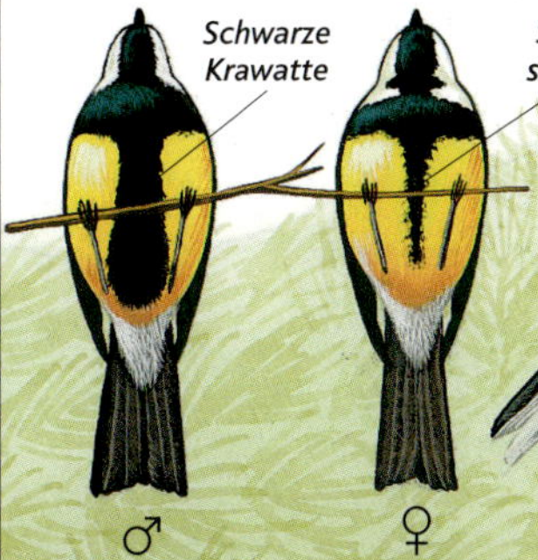

An der Futterstelle

Nur wenige Vogelarten lassen sich im Winter von Körnern an die Futterplätze locken, die wir ihnen anbieten, darunter Kohl- und Blaumeisen, Buchfinken und Kernbeißer, außerdem Haus- und Feldsperlinge und manchmal auch Eichelhäher.
Das erleichtert dir die Bestimmung deiner gefiederten Gäste.

◄ Sumpfmeise

Insekten, Samen
←12 cm→

Auf der Suche nach Insekten hüpft und flattert sie unermüd-lich im Laub und Gestrüpp umher. Im Winter ernährt sie sich von Distel- und Löwenzahnsamen.

Schwanzmeise ►

Insekten ←13 cm→

Ein kleiner, aufgeplusterter Federball mit langem Schwanz ... Schwanzmeisen fliegen in Familienverbänden mit leisen Si-si-si-Rufen von Baum zu Baum.

Auf einen Blick

Dompfaff

Kernbeißer

Buchfink

Bergfink

Körnerfresser

Ein Schwarm kleiner Finkenvögel flattert von Baum zu Baum und knabbert Körner. Ihr Schnabel ist kurz, kräftig und kegelförmig. Mit ihm knacken sie die Samenschalen der Früchte, die sie in den Baumkronen oder im Unterholz finden. Manche bilden Schwärme (S. 10/11) und können dann beträchtliche Schäden anrichten, andere sind Einzelgänger (S. 12/13). Achte darauf, was ein Vogel frisst, dann ist er leicht zu bestimmen.

Birkenzeisig ►

Samen, Insekten
←12 cm→

Der kleine, gestreifte Vogel schaukelt auf Birken- und Erlenzweigen, um an die Samen zu gelangen. Seine Verwandten von den Britischen Inseln sind Wintergäste bei uns. Dann bilden sie hier große Schwärme.

◄ Stieglitz

Samen, Insekten
←12 cm→

Wegen seiner Vorliebe für Distelsamen, Kletten und Flockenblumen nennt man ihn auch Distelfink. Man erkennt ihn am farbenprächtigen Kopf und der wellenförmigen Flugbahn.

◀ Bluthänfling

Samen, Insekten
← 13 cm →

Er nistet in Feldhölzern (Stechginster, Weißdorn) und sammelt Baumsamen am Boden oder im Unterholz. Manche Hänflinge sind Standvögel, andere Zugvögel mit jahreszeitlich wechselndem Standort. Beim Vogelzug kannst du oft große Schwärme sehen.

◀ Erlenzeisig

Samen, Beeren
← 12 cm →

Du erkennst ihn am kontrastreichen Gefieder und an dem für einen Zeisig sehr zierlichen Schnabel. Mühelos hängt er mit dem Rücken nach unten an einem Zweig, um die Erlensamen zu ernten, die er gern frisst.

Kernbeißer ▶

Samen, Beeren, Knospen
← 18 cm →

Er fällt durch seinen wuchtigen Körperbau auf. Mit dem riesigen, kegelförmigen Schnabel knackt er Kirsch- und Pflaumenkerne sowie die Früchte der Hainbuche und des Ahorns. Du entdeckst ihn in Baumkronen.

Flugbilder

Girlitz

Zeisig

Grünling

Girlitz

Samen ←11 cm→

Der Körper dieses winzigen, gelben Finkenvogels wirkt wie eine kleine Kugel. Er pickt Körner vom Boden. Von einem erhöhten Sitz aus lässt er ein schnelles, hohes Zwitschern hören, das wie ein helles Glöckchen klirrt.

Zaunammer

Körner, Insekten
←16 cm→

Kennzeichen der Zaunammer sind das schwarz-gelbe Gesicht und der lange Schwanz. Im Winter pickt sie Hirse- und Haferkörner vom Boden, im Sommer jagt sie im Wald Insekten.

Goldammer

Körner, Beeren ←17 cm→

Sie sitzt oft auf Stromleitungen. Sonst hüpft sie gebeugt über die Felder und pickt Körner. Der Kopf des Weibchens leuchtet kräftiger gelb als bei der Zaunammer. Am gedehnten Schlusston – Zizi, zizizi, zih – erkennst du ihren Gesang.

Stundenplan

Jeder Vogel folgt täglich einem strengen Stundenplan, der von Witterung und Jahreszeit bestimmt wird. Um ihren großen Energiebedarf zu decken, fressen Vögel viel und häufig. Ihr Organismus verwandelt die Nahrung schnell in lebensnotwendige Energie. Ausgiebige Körperpflege dient auch dazu, Kalorienverluste zu vermeiden. Von den kleinen Vögeln kann nur der Mauersegler einige Tage ohne Nahrung auskommen.

Dompfaff/Gimpel

Körner, Knospen, Insekten ←17 cm→

Den Gimpel findest du häufig in Obstbäumen. Er kann großen Schaden anrichten, da er gerne die aufblühenden Knospen zerpflückt. Seine Gestalt ist ausgewogen rund.

Buchfink

Körner, Insekten ←15 cm→

Die graubraunen Buchfinken kommen im Winter gern im Schwarm zur Fütterung in dein Vogelhaus. Sie ernähren sich am Boden von Samen. Im Frühjahr bereichern sie ihren Speiseplan und fangen Insekten für ihren Nachwuchs.

Bergfink

J F M A M J J A S O N D

Körner, Insekten ←16 cm→

Der Bergfink ist ein Wintergast aus dem Norden. Zuweilen bilden sich riesige Schwärme. Bergfinken lieben Mais und Bucheckern und suchen bevorzugt Maisfelder und Buchen auf.

◄ Feldsperling

Körner, Insekten
← 14 cm →

Im Gegensatz zum Haussperling ist der Feldsperling weniger ortstreu. Er ist scheu und kommt selten in menschliche Siedlungen. Männchen und Weibchen unterscheiden sich nicht.

◄ Grünling

Körner, Knospen
← 14 cm →

Diese gelbgrüne Finkenart ist die größte und mancherorts auch die häufigste. Der Grünling zerpflückt Getreideähren, knackt die Nüsschen von Ulmen, zupft Knospen und junge Triebe. Er ist ein Gesangskünstler.

Haussperling/Spatz

Allesfresser
← 15 cm →

Anders als der Feldsperling hat er keinen schwarzen Ohrfleck. Haussperlinge, auch Spatzen genannt, bevölkern die Städte. Dort fressen sie, was sie finden. Nachts treffen sie sich an Schlafplätzen, wo es alles andere als leise zugeht.

Insektenjäger

Mit ihren schlanken Schnäbeln haschen sie am Boden nach Insekten und Würmern. Beobachte sie, wenn sie im Laub stöbern, und achte auf ihre Fortbewegung. Manche Insektenjäger sind Laufvögel, die umhergehen oder rennen, wenn sie nach Beute suchen. Andere sind dem Aufenthalt am Boden weniger angepasst und bewegen sich nur hüpfend fort.

Rotkehlchen

Insekten, Würmer, Beeren ←13 cm→

Scheu hüpft der kleine, kugelrunde Vogel mit aufrechtem Kopf am Boden. Singt das Rotkehlchen, schwillt seine Kehle an, denn Größe beeindruckt …

Heckenbraunelle

Insekten, Körner
←15 cm→

Der sehr unauffällige Vogel entfernt sich auch zur Futtersuche nur wenig vom schützenden Unterholz und hüpft langsam, in geduckter Haltung über den Boden.

Bequemes Leben in der Stadt

Eine immer größere Zahl von Vogelarten lebt das ganze Jahr über in der Stadt. Dort finden sie fernab ihrer natürlichen Feinde erstklassige Nistmöglichkeiten (Laternenpfähle, Mauern, Dächer, Glockentürme …). Nahrung gibt es im Überfluss (Insekten und Abfälle) und rund um die Uhr, denn im Licht der Straßenbeleuchtung können Vögel länger jagen. Was will man mehr?

Haubenlerche

Körner, Insekten
←17 cm→

Diese Lerchenart, deren Flugbahn wie bei allen Lerchen wellenförmig ist, sucht entlang den Wegrändern nach Körnern und Insekten. Oft wird sie bei Pferdeäpfeln fündig.

Star

Allesfesser
←18 cm→

Kopfnickend schreitet er umher, dann schwingt er sich mit dem lärmenden Schwarm in die Luft. Sein Ruf klingt nicht schön, aber er kann Vögel nachahmen.

Grünspecht

Insekten, Weichtiere ←31 cm→

Die Fluglinie ist wellenförmig. Beim Stöbern nach Nahrung hüpft er am Boden. Sein Balzruf klingt wie schallendes Gelächter. Der Grünspecht trommelt selten an Stämmen und frisst vor allem Ameisen.

Nachtigall

J F M A M J J A S O N D

Insekten, Beeren
← 18 cm →

Sie versteckt sich, doch nachts und in der Dämmerung kannst du sie stundenlang singen hören. Ihr Gesang hat viele verschiedene Strophen, die von kurzen Pausen unterbrochen werden.

Amsel

Würmer, Insekten, Früchte ← 24 cm →

Sie ist ein häufiger Gast. Regenwürmer sind ihre Lieblingsspeise. Sie zieht sie kraftvoll, mit kleinen Hopsern, aus der Erde. Auch Früchte verschmäht sie nicht. Oft ruft sie ganz aufgeregt: Dack, dack, dack ...

Wacholderdrossel

Würmer, Insekten, Früchte

←26 cm→

Immer im Schwarm unterwegs, pickt sie im Obstgarten an reifen Früchten oder hüpft am Boden umher. Wie alle Drosseln hat sie eine gefleckte Brust.

Misteldrossel

Würmer, Insekten, Früchte

←27 cm→

Im Winter frisst sie Mistelbeeren und sorgt so für die Verbreitung der Samen. Bei Regen singt sie oft in kurzen, klangvollen Strophen, die von kurzen Pausen unterbrochen sind.

Die Vogeluhr

Viele Vögel beginnen frühmorgens zu singen. Jede Vogelart hat ihren Lebensrhythmus und singt zu einer bestimmten Tageszeit. Notiere, wann du einen Vogel hörst: Das ist bei der Bestimmung hilfreich.

6 Uhr: Nachtigall (und Heidelerche)

6.30 Uhr: Steinschmätzer (und Wachteln, Amseln)

7 Uhr: Rotkehlchen (auch Kuckuck und Pirol)

7.30 Uhr: Buchfink (auch Weidenlaubsänger und Kohlmeisen)

8 Uhr: Grünspecht (Eichelhäher, Hänflinge)

◄ Singdrossel

Würmer, Insekten, Früchte

←21 cm→

Hast du einmal beobachtet, wie eine Singdrossel ein Schneckenhaus an einem Stein zertrümmert? Im Morgengrauen und in der Abenddämmerung kannst du sie singen hören. Sie wiederholt jede Strophe drei- bis viermal.

Bachstelze

Insekten
←20 cm→

Die schwarz-weiße, unermüdliche Bachstelze macht kleine Schritte. Emsig jagt sie die Insekten an Uferböschungen, Pfützen oder hinter Vieh. Sie fängt sie am Boden oder im Flug.

Auffällige Schwanzbewegungen

Hier findest du Vögel, die durch wippende Schwanzbewegungen auffallen: Bachstelzen und Gebirgsstelzen, aber auch Insekten fressende Finkenvögel wie das Rotkehlchen. Stelzen sind sperlingsgroße Bodenvögel, die unermüdlich umherlaufen; die anderen sind keine Bodenvögel und bewegen sich hüpfend, doch wenn du sie beobachtest, fällt dir das Schwanzwippen sofort auf. Aufgrund ihrer Gefiederfarben sind sie leicht zu unterscheiden.

Gebirgsstelze

Insekten, Weichtiere
←21 cm→

Die Gebirgsstelze lebt an schnell fließenden Gewässern. Sie fängt Larven und Libellen im Flugsprung aus der Luft. Manchmal schnappt sie auch nach einem kleinen Krebs oder einem Fisch im Wasser.

Gartenrotschwanz

J F M A M J J A S O N D

Insekten, Würmer, Beeren ←14 cm→

Der farbenprächtige Vogel lässt sich auf den unteren Zweigen nieder. Plötzlich hüpft er herunter und schnappt mit wippendem Schwanz einen Wurm oder eine Nacktschnecke.

Hausrotschwanz

Insekten, Beeren ←15 cm→

Er wippt mit seinem rotbraunen Schwanz. Wenn er sich von seinem hohen, ungedeckten Sitzplatz in die Luft schwingt, schnappt er seine Beute im Flug. Nur selten sitzt er am Boden.

Flugbahnen

Die Amsel hat eine gerade Flugbahn.

Der Grünspecht hat eine wellenförmige Flugbahn.

Jede Vogelart hat ihren Rhythmus beim Flügelschlag und beschreibt eine für sie typische Flugbahn. Die Ringeltaube schlägt ruckartig mit den Flügeln, während die Misteldrossel ihre Flügel in gleichmäßigen Abständen auf und ab schwingt. Die Flugbahn von Staren, Lerchen und Sperlingen ist geradlinig. Stieglitz und Grünspecht dagegen fliegen wellenförmig.

Ei gefunden!?

Klein, groß, gefleckt, grün, rosa – jede Vogelart legt andere Eier. Form, Größe, Färbung, Schmuck (Punkte, Flecken) verraten dir die Vogelart. Fasse die Eier nie an, solange sie im Nest liegen – der brütende Vogel nimmt sie sonst nicht mehr an!

ellipsenförmig

oval

spitz zulaufend

birnenförmig

Grasmücken und Fliegenschnäpper

Ihr langer, spitzer Schnabel ist wie geschaffen für die Insektenjagd. Sie sitzen auf Zweigen im Gehölz oder auf einer anderen Warte, etwa einem Zaun. Grasmücken erkennst du an ihrer charakteristischen Körperform: Ihre Kehle ist vorgewölbt, der Kopf wirkt dadurch kugelrund. Ihr langer Schwanz ist am Ende abgerundet. Sitzend strecken sie den Kopf weit vor, Rücken und Kopf bilden dann eine fast horizontale Linie. Der Grauschnäpper dagegen hält sich aufrecht. Wie bei allen Fliegenschnäppern ist sein Schnabel schlank, aber breit.

Grauschnäpper ▶

J F M A M J J A S O N D

Insekten, Würmer, Beeren

← 14 cm →

Von seiner Warte aus lauert er auf vorbeifliegende Insekten. Er fängt sie im Flug: Mit einem Flügelschlag ist er bei ihnen, sein Schnabel schnappt zu. Dann kehrt er zu seiner Warte zurück.

Mönchsgrasmücke

J F M A M J J A S O N D

Insekten, Früchte ← 14 cm →

Im Unterschied zur Gartengrasmücke hat sie einen rotbraunen oder schwarzen Scheitel. Anders als die Samtkopfgrasmücke hat sie keinen weißen Saum am Schwanz. Sie singt klangvoll, mit langen Tönen am Liedende.

Dorngrasmücke

J F M A M J J A S O N D

Insekten, Beeren
← 14 cm →

Sie ist ein Sommergast bei uns. Meist sitzt sie auf niederwüchsigem Gehölz im offenen Gelände, an Feld- und Waldrändern, in Dornhecken und Dickicht. Das Männchen plustert sich beim Singen auf.

Gartengrasmücke ▼

J F M A M J J A S O N D

Insekten, Beeren ← 14 cm →

Sie versteckt sich im Blattwerk des Unterholzes. Sie hat keine besonderen Kennzeichen und ist durchgängig sandgrau.

▲ Samtkopfgrasmücke

Insekten, Früchte
← 14 cm →

Du siehst sie nur in Ländern am Mittelmeer. Entdeckst du im Urlaub einen laut schnarrenden, zeternden Vogel, der unermüdlich in Bodennähe durchs Gestrüpp hüpft, mit dem Schwanz wippt oder ihn auffächert, ist es eine Samtkopfgrasmücke.

◄ Klappergrasmücke

J F M A M J J A S O N D

Insekten, Beeren ← 14 cm →

Sie bewohnt wilde Hecken und niedriges Nadelgehölz. Von der Dorngrasmücke unterscheidet sie die dunkle Backenpartie, im Unterschied zur Gartengrasmücke sind die äußeren Steuerfedern weiß.

Rauchschwalbe

J F M A M J J A S O N D

Insekten
← 19 cm →

Pfeilschnell segelt sie an Wänden und Baumkronen vorbei und fängt im Flug Insekten. Sie baut ihr oben offenes Lehmnest gern im Kuhstall, zuweilen findet man Nistkolonien an Hauswänden. Ihre äußeren Steuerfedern sind extrem lang. ▼

Flugkünstler

Es lohnt sich, diese Vögel zu beobachten: Sie sind wahre Flugkünstler. In voller Geschwindigkeit drehen sie sich in der Luft und schnappen nach Insekten (Mauersegler, Schwalben), kreisen auf der Stelle oder scheinen in der

◀ Mehlschwalbe

J F M A M J J A S O N D

Insekten ← 13 cm →

Sie jagt hoch oben in der Luft und setzt sich auf Stromleitungen, um zu singen. Wer sie kennt, kann sie nicht verwechseln: Anders als der Mauersegler hat sie einen weißen Bürzel, und sie hat keinen so tief gegabelten Schwanz wie die Rauchschwalbe.

Mauersegler

J F M A M J J A S O N D

Fluginsekten ← 16 cm →

Mit langen Flügeln und kurz gegabeltem Schwanz ist er besonders aerodynamisch. Kurze Flügelschläge wechseln mit langen Segelpartien – so schläft er sogar in der Luft. Denn seine Füße sind nur geeignet, sich an senkrechte Wände zu klammern.

Luft zu stehen, wenn sie Beute erspähen (Falke). Ihre Flügel haben Idealform: Sie sind sichelförmig und ermöglichen einen präzis gesteuerten Flug. Die Flugtechnik ist spektakulär, kreuz und quer sausen sie durch die Luft.

Turmfalke

Nagetiere, Insekten
←34 cm→

Diesen kleinen Raubvogel kannst du dabei beobachten, wie er mit ausgebreiteten Flügeln und schnellem Flügelschlag in großer Höhe in der Luft steht: Er »rüttelt«. Dann stößt er auf seine Beute herab.

»Rüttelnder« Turmfalke

Jedem sein Nest

Zum Nestbau kann alles verwendet werden, was die Natur bietet.

Die Schwanzmeise flicht ein Nest aus Moos und Spinnweben und polstert es mit über 2000 Flaumfedern aus.

Der Kleiber verengt das Einflugsloch seiner Bruthöhle mit Mörtel aus Lehm.

Die Schwalbe baut ein kugelrundes geschlossenes Nest mit einem Flugloch. Als Baustoff verwendet sie ein Gemisch aus Lehm und Speichel, verdichtet mit Pflanzenresten.

Klettervögel

Viele kleine und große Vögel können senkrecht an Baumstämmen hinaufklettern, denn ihre Zehen haben scharfe Krallen. Mit dem langen Schnabel, der sehr schlank, aber auch sehr kräftig sein kann, suchen sie die Rinde nach Insekten oder Samen ab. Sie flattern von Stamm zu Stamm, manche hämmern, wenn sie ihr Revier markieren oder eine Nisthöhle bauen.

❶ Gartenbaumläufer

Insekten ←12 cm→

Sein Federkleid passt sich der Baumrinde an, deshalb ist er schwer auszumachen. Er klettert in einer Spirale rund um den Stamm, flattert immer wieder auf und schlägt mit den Flügeln.

❷ Kleiber

Insekten, Körner ←14 cm→

Er kann kopfüber Baumstämme hinunterklettern. Will er eine Nuss knacken, steckt er sie in eine Ritze in der Rinde und hämmert so lange mit dem Schnabel darauf, bis die Schale aufspringt: Tock, tock, tock …

❸ Kleinspecht

Holz fressende Insekten

← 14 cm →

Der kleinste Specht ist scheu. Er klettert an den dünnen Zweigen in der Baumkrone. Man erkennt ihn an seinem Hämmern: Es ist langsamer (einmal pro Sekunde) und tönt nicht so laut wie bei seinen größeren Artverwandten.

❹ Buntspecht

Körner, Baumsaft, Eier, Insekten

← 22 cm →

Er ist so groß wie eine Amsel. Mit seinem kräftigen Schnabel knackt er die Schuppen von Zapfen und frisst die Samen. Sein Hämmern klingt wie Trommelwirbel. Bis zu 15-mal in der Sekunden klopft er an den Stamm.

❺ Wendehals

J F M A M J J A S O N D

Insekten ← 16 cm →

Sein getupftes, braunes Federkleid ähnelt der Baumrinde. Gemächlich sucht er den Stamm nach Ameisen ab. Bei Gefahr streckt er seinen langen Hals, bewegt ihn schlangenartig und plustert die Deckfedern auf.

Gewölle

Raubvögel und Rabenvögel würgen unverdauliche Bestandteile ihrer Nahrung (Haare, Knochen, Insektenpanzer ...) wieder aus. Manchmal findet man bis zu 100 Gewölle von nur einem Vogel unter einem Baum: Aussehen und Inhalt sind charakteristisch und verraten, von welchem Vogel es stammt.

Nachtraubvögel

Große Augen blicken dich in der Dämmerung an, dann hebt sich ein Vogel lautlos in die Luft und fliegt davon. Käuze haben kreisrunde Gesichter, Eulen kleine Federbüsche am Kopf, die aussehen wie Ohren. Ihre Läufe sind befiedert, ihre Fänge haben scharfe, gebogene Krallen. Sie nisten in Baumhöhlen oder Dachstühlen. Durch ihre Größe und ihren Ruf kannst du sie unterscheiden.

Zwergohreule ►

J F M A M J J A S O N

Insekten
←19 cm→

Diese kleine Eule siehst du manchmal nachts in Städten bei der Jagd auf Insekten, die um die Straßenlampen schwirren. U-u-u ..., hört man sie in regelmäßigen Abständen, aber mit großen Pausen, eintönig rufen.

Waldohreule ►

Nagetiere, Vögel
←35 cm

In Nadelwäldern ist sie häufig. Sie sucht nach Nestern von Finkenvögeln, um sie zu plündern. Wenn sie erschrickt, erstarrt sie und zieht die Gliedmaßen an. Dann wirkt sie klein und wie ein Stück Holz.

Steinkauz

Insekten, Nagetiere, Vögel ←21 cm→

Den Steinkauz sieht man häufig bei Tag. Dann sitzt er ungeschützt auf einer hohen Warte und lauert Feldbewohnern und Eidechsen auf. Manchmal hüpft er am Boden und frisst Regenwürmer.

Waldkauz ▼

Nagetiere, Vögel
←37 cm→

Beim Flug wirkt er schwerfällig. Man erkennt ihn an den breiten, abgerundeten Flügeln. Vorsicht, wird er aufgeschreckt, stürzt sich der Waldkauz mutig auf jeden, von dem er sich bedroht fühlt!

▲ Schleiereule

Nagetiere, Vögel
←34 cm→

In der Dämmerung huscht sie vor Autoscheinwerfern lautlos durch die Luft. Oft nistet sie im Dachgebälk von Scheunen. Das bedeutet viel Lärm, denn sie schnarrt, zischt, kläfft und kreischt.

Taubengrau und Gurren

Tauben haben einen kleinen, runden Kopf und eine charakteristische gurrende Stimme. Manche Arten sind in unseren Städten zur Plage geworden (Felsentaube oder verwilderte Haustaube), andere ziehen je nach Jahreszeit und Nahrungsangebot vom Land in die Stadt und umgekehrt (Ringeltaube und Turteltaube). Irgendwie ähneln sie sich alle, doch bei genauer Betrachtung kann man sie unterscheiden.

Felsentaube

Allesfresser
←32 cm→

Haustauben stammen von der Felsentaube ab. Nachdem viele wieder verwildert sind, bevölkern Felsentauben unsere Städte. Sie haben die unterschiedlichsten Gefiederfarben. Ihre Gemeinsamkeit ist der grün schimmernde Hals.

Hohltaube

Körner, Beeren ←32 cm→

Im Unterschied zu anderen Taubenarten hat sie nirgendwo einen weißen Fleck. Sie nistet in Baumhöhlen und hohlen Baumstümpfen.

Ringeltaube ▼

Körner, Knospen, Würmer, Insekten ←40 cm→

Ku-ku-ru-ku-ku, gurrt sie. Im Wackelgang inspiziert sie den Rasen und pickt Gras. Bei Abflug und Landung schlägt sie schallend mit den Flügeln. Im Herbst zieht sie in Schwärmen in wärmere Gegenden oder in die Stadt.

Türkentaube ►

Körner
←27 cm→

Sie gehört zu einer verwandten Vogelfamilie, die über Südosteuropa eingewandert ist. Charakteristisch ist ihre ruckartige Flugbewegung. Sie besucht gerne Maissilos und Geflügelhöfe.

Brieftaube

Seit der Antike haben Menschen die Felsentaube domestiziert und aus ihr Haustauben in vielen Formen und Farben gezüchtet. Eine dieser Züchtungen ist die Brieftaube. Bis zu einer Entfernung von 800 km findet sie zu ihrem Taubenschlag zurück. Dabei liegt ihre Spitzengeschwindigkeit bei 80 km/h. In Vereinen bemühen sich Züchter, durch Kreuzung die Zuchteigenschaften weiter zu verbessern.

Turteltaube

J F M A M J J A S O N

Körner ←27 cm→

Sie ist brauner als die Türkentaube und sehr scheu. Man erkennt sie am sanften Gurren, das beinahe wie ein Schnurren klingt, besonders im Frühsommer, wenn die Männchen um die Weibchen werben.

◄

Hackordnung

Viele Vögel sind gesellig und bilden Schwärme. Sie nutzen die Vorteile des Schwarms, ohne durch feste Beziehungen mit ihm verbunden zu sein. Bei den Saatkrähen, Dohlen und Ringeltauben dagegen hat jeder Vogel einen festgelegten Platz im Schwarm und verteidigt ihn. Die Hackordnung schreibt vor, dass die stärksten Tiere die größten Brocken bekommen.

Rabenvögel

Sie sind überall, ihr Krächzen ist unverwechselbar. Unsere großen Rabenvögel und Krähen sind kluge, neugierige Vögel. Sie besuchen Müllkippen und abgeerntete Felder, fallen in großen Schwärmen ein. Ihren lauten, heiseren Ruf hört man besonders in der kalten Jahreszeit schon von weitem. Bei genauer Betrachtung sind diese Vögel sehr verschieden.

Dohle

Allesfresser
←32 cm→

Die Dohle, ein Schwarmvogel, ist kleiner als die Krähe. Sie hat einen runden Kopf und einen grauen Nacken. Sie frisst am Boden Nacktschnecken und Würmer, Vogeleier und sogar Frösche. Laute Kijack-kijack-Rufe halten den Schwarm zusammen.

Rabenkrähe

Allesfresser
←46 cm→

Dieser wachsame Räuber ist meist ein Einzelgänger. Er späht die Nester von Finken- und Sperlingsvögeln aus, um sie zu plündern. Außerdem frisst die Rabenkrähe Aas und Abfälle.

Saatkrähe

Weichtiere, Würmer, Insekten, Körner ←45 cm→

Sie fallen in Schwärmen über Felder her, haben einen gemeinsamen Schlafplatz und bilden große Brutkolonien. Ihr Gang ist wackelnd. Oft stochern sie mit ihrem gewaltigen Schnabel in der Erde.

Elster

Allesfresser ←45 cm→

Die Elster plündert oft Nester; auch Käfer und Schmetterlinge stehen auf ihrem Speiseplan. Metallischer Glanz zieht sie an, manchmal raubt sie solche »Glanzstücke«. Schack-schack, ruft sie – statt Gesang hörst du lautes Schwatzen.

Gemeinsam sind wir stark

Manche Vögel brüten oder fressen im Schwarm (Saatkrähe, Stieglitz, Hänfling). Andere haben gemeinsame Schlafplätze (Stare, Sperlinge, Schwanzmeisen) oder ziehen mit dem Schwarm zu ihren Winter- und Sommerquartieren (Bergfinken). Es gibt einen einfachen Grund für diesen Herdentrieb: Der Schwarm bietet Sicherheit. In der Menge ist es einfacher, Nahrung zu finden und Feinde abzuwehren.

Die Nistplätze von Saatkrähen befinden sich weit oben in den Wipfeln hoher Bäume.

Je nach Größe der Kolonie sind bis zu 50 Krähennester auf einem Baum! Oft brüten über 100 Paare in einer Kolonie.
Sie kehren jedes Jahr zum selben Nistplatz zurück.

Badefreuden

Mit ausgebreiteten Flügeln nehmen Rotkehlchen und Stare ein Sonnenbad am Boden. Stare kennen noch einen Wohlfühltrick: Sie reiben sich die Flügel mit Ameisen ab. Eichelhäher und Drosseln setzen sich sogar auf Ameisenhaufen und lassen sich von den Ameisen putzen. Der Sperling zieht ein Bad im Staub vor.

Ungewöhnliche Vögel

Diese großen Vögel sind unverwechselbar. Ihr Verhalten oder ihre Farbgebung sind so ungewöhnlich, dass sie sich nicht mit anderen vergleichen lassen: Einer fliegt wie ein Schmetterling und stellt seine Federhaube wie einen Fächer auf, wenn er sich bedroht fühlt (Wiedehopf); der andere pickt Früchte direkt vom Baum und lässt nur noch den Stängel übrig (Pirol), der dritte sammelt Wintervorräte – und vergisst, wo er sie versteckt hat (Eichelhäher).

Wiedehopf

J F M A M J J A S O N D

Insekten ←27 cm→

Rasch trippelnd und kopfnickend sucht er am Boden Insekten. Er schnappt sie mit dem Schnabel, wirft sie in die Luft, fängt sie wieder auf und frisst sie. Beim Flug schaukelt er wie ein großer Schmetterling.

Pirol

J F M A M J J A S O N D

Insekten, Früchte
←23 cm→

Der scheue Vogel ist trotz seiner Farbenpracht gut getarnt und lebt versteckt in Baumwipfeln. Wahrscheinlicher ist, dass du siehst, was er angerichtet hat: Geplünderte Kirschbäume – nur die Stängel lässt er übrig.

Eichelhäher

Eicheln, Früchte, Insekten ←33 cm→

Im Frühling trifft er sich oft mit Artgenossen. Hörst du den rauen, kratzenden Ruf? Schrack, schrack ...
Im Herbst sammelt er Eicheln und verbirgt sie in Baumritzen oder Erdverstecken.

Wandern oder bleiben?

Selbst kleine Finken fliegen nach Afrika, wenn in ihrem Brutgebiet Nahrungsmangel herrscht. Sie weichen ungünstigen Umweltbedingungen aus. Manche Arten wandern instinktiv; sie verlassen ihr Brutgebiet und ziehen ins Winterquartier: Alle Schwalben fliegen südwärts. Bei anderen Arten zieht nur ein Teil in den Süden. Im Winter kann man daher hierzulande oft Vögel, die das ganze Jahr über bei uns sind, zusammen mit Wintergästen derselben Art beobachten, z. B. das Rotkehlchen als Stand- und das Rotkehlchen als Zugvogel.

Beobachtungskalender: Das Vogeljahr

Kein Monat ist gleich
im Vogelreich.
Beobachten ist ein Kinderspiel,
und zu lernen gibt es viel.

Januar

Saatkrähen und Dohlen rotten sich zur Suche nach Nahrungsquellen in kleinen Gruppen zusammen; Drosseln schlagen sich den Bauch mit Misteln voll.

Februar

In den Ländern am Mittelmeer kommen die ersten Schwalben an. Obwohl es noch kalt ist, beginnt die Heckenbraunelle zu singen.

März

Rauchschwalben und Uferschwalben kehren zurück, dann der Wiedehopf. Am Ende des Monats kannst du den Fitis und die ersten Nachtigallen singen hören.

April

Noch sind nicht alle Bergfinken ins Sommerquartier nach Norden gezogen. Mitte April kehren die Nachtigallen in kleinen Trupps zurück. Bald sind auch die Schwalben wieder da. Ende April entdeckst du vielleicht schon einen Mauersegler.

Mai

Jetzt siehst du immer wieder Zugvögel am Himmel. Wenn du Glück hast, sogar einen Schwarm Turteltauben, der die Taubenjagd in den Mittelmeerländern unbeschadet überstanden hat.

Juni

Die Brutzeit hat begonnen, bei vielen Vögeln sind sogar schon die Küken geschlüpft. Statt Balzgesänge hörst du jetzt die Küken um Futter betteln.

Juli

Ein schwieriger Monat für angehende Vogelkundler! Die Vögel sind in der Mauser und das Federkleid der Jungvögel unterscheidet sich oft sehr von dem der Erwachsenen. Der Mauersegler denkt bereits wieder an die Abreise.

August
September
Oktober

Die langbeinigen Sumpfläufer verlassen ihre Sommerquartiere an Seen und Flüssen und fliegen in südliche Küstenregionen. Ohne Rast ziehen sie über dich hinweg. Vielleicht kannst du deinen Posten an einer Vogelzugroute beziehen und die Ammern oder einige Rotkehlchen bei ihrem Flug nach Süden beobachten. Nachts hört man die Singdrossel, die ihre Abreise mit einem charakteristischen Ruf begleitet. Jetzt kommen die Mönchsgrasmücken und die Weidenlaubsänger aus dem Norden zu uns.

November
Dezember

Im Winter kannst du die Vögel an deinem Futterhaus beobachten: Kohlmeisen und Blaumeisen, Finken, Grünlinge ...

Stichwortverzeichnis

A

Amsel, *Turdus merula*	☐	18

B

Bachstelze, *Motacilla alba*	☐	20
Bergfink, *Fringilla montifringilla*	☐	14
Birkenzeisig, *Carduëlis flammea*	☐	10
Blaumeise, *Parus caeruleus*	☐	8
Bluthänfling, *Carduëlis cannabina*	☐	11
Buchfink, *Fringilla coelebs*	☐	14
Buntspecht, *Dendrocopos major*	☐	26–27

D

Distelfink, siehe Stieglitz		
Dohle, *Corvus monedula*	☐	32
Dompfaff, *Pyrrhula pyrrhula*	☐	13
Dorngrasmücke, *Sylvia communis*	☐	23

E

Eichelhäher, *Garrulus glandarius*	☐	35
Elster, *Pica pica*	☐	33
Erlenzeisig, *Carduëlis spinus*	☐	11

F

Feldsperling, *Passer montanus*	☐	15
Felsentaube, *Columba livia*	☐	30
Fitis, *Phylloscopus trochilus*	☐	6

G

Gartenbaumläufer, *Certhia brachydactyla*	☐	26–27
Gartengrasmücke, *Sylvia borin*	☐	23
Gartenrotschwanz, *Phoenicurus phoenicurus*	☐	21
Gebirgsstelze, *Motacilla cinerea*	☐	20
Gimpel, siehe Dompfaff		
Girlitz, *Serinus serinus*	☐	12
Goldammer, *Emberiza citrinella*	☐	13
Grauschnäpper, *Muscicapa striata*	☐	22
Grünling, *Carduëlis chloris*	☐	15
Grünspecht, *Picus viridis*	☐	17

H

Haubenlerche, *Galerida cristata*	☐	17
Haubenmeise, *Parus cristatus*	☐	8
Hausrotschwanz, *Phoenicurus ochruros*	☐	21
Haussperling, *Passer domesticus*	☐	15
Heckenbraunelle, *Prunella modualris*	☐	16
Hohltaube, *Columba oenas*	☐	30

K

Kernbeißer, *Coccothraustes coccothraustes*	☐	11
Klappergrasmücke, *Sylvia curruca*	☐	23
Kleiber, *Sitta europaea*	☐	26–27
Kleinspecht, *Dendrocopos minor*	☐	26–27
Kohlmeise, *Parus major*	☐	9

M

Mauersegler, *Apus apus* ☐ 24
Mehlschwalbe, *Delichon urbica* ☐ 24
Misteldrossel, *Turdus viscivorus* ☐ 19
Mönchsgrasmücke, *Sylvia atricapilla* ☐ 22

N

Nachtigall, *Luscinia megarhynchos* ☐ 18

P

Pirol, *Oriolus oriolus* ☐ 35

R

Rabenkrähe, *Corvus corone corone* ☐ 32
Rauchschwalbe, *Hirundo rustica* ☐ 24
Ringeltaube, *Columba palumbus* ☐ 31
Rotkehlchen, *Erithacus rubecula* ☐ 16

S

Saatkrähe, *Corvus frugilegus* ☐ 33
Samtkopfgrasmücke, *Sylvia melanocephala* ☐ 23
Schleiereule, *Tyto alba* ☐ 29
Schwanzmeise, *Aegithalos caudatus* ☐ 9
Singdrossel, *Turdus philomelos* ☐ 19
Sommergoldhähnchen, *Regulus ignicapillus* ☐ 7
Spatz, siehe Haussperling
Star, *Sturnus vulgaris* ☐ 17
Steinkauz, *Athene noctua* ☐ 29
Stieglitz, *Carduëlis carduëlis* ☐ 10
Sumpfmeise, *Parus palustris* ☐ 9

T

Tannenmeise, *Parus ater* ☐ 8
Türkentaube, *Streptopelia decaocto* ☐ 31
Turmfalke, *Falco tinnunculus* ☐ 25
Turteltaube, *Streptopelia turtur* ☐ 31

W

Wacholderdrossel, *Turdus pilaris* ☐ 19
Waldkauz, *Strix aluco* ☐ 29
Waldohreule, *Asio otus* ☐ 28
Weidenlaubsänger, *Phylloscopus collybita* ☐ 6
Wendehals, *Jynx torquilla* ☐ 26–27
Wiedehopf, *Upupa epops* ☐ 34
Wintergoldhähnchen, *Regulus regulus* ☐ 7

Z

Zaunammer, *Emberiza cirlus* ☐ 12
Zaunkönig, *Troglodytes troglodytes* ☐ 6
Zilpzalp, siehe Weidenlaubsänger
Zwergohreule, *Otus scops* ☐ 28

Kreuze das Kästchen ☐ an, wenn du einen Vogel gesehen hast.
Du siehst dann auf einen Blick, welche Vogelarten du schon kennst.

Die französische Originalausgabe dieses Werkes erschien
unter dem Titel »Oiseaux des jardins« bei MILAN.

Aus dem Französischen von Sabine Müller.

Verlag und Autor weisen darauf hin, dass die Informationen in diesem Buch sorgfältig geprüft wurden. Eine Garantie für Schäden, die durch das Befolgen der Hinweise in diesem Werk auftreten, kann jedoch nicht übernommen werden.

6. Auflage 2005

Druck und Bindung: Westermann Druck Zwickau GmbH.

3-401-45141-3
978-3-401-45141-1

www.arena-verlag.de